Impressum
Verlag: BABADADA GmbH, Nedderfeld 112 , 22529 Hamburg
Geschäftsführer / Verlagsleitung: Harald Hof
Druck: Books on Demand GmbH, In de Tarpen 42, 22848 Norderstedt

Imprint
Publisher: BABADADA GmbH, Nedderfeld 112 , 22529 Hamburg, Germany
Managing Director / Publishing direction: Harald Hof
Print: Books on Demand GmbH, In de Tarpen 42, 22848 Norderstedt

اسڪول

école

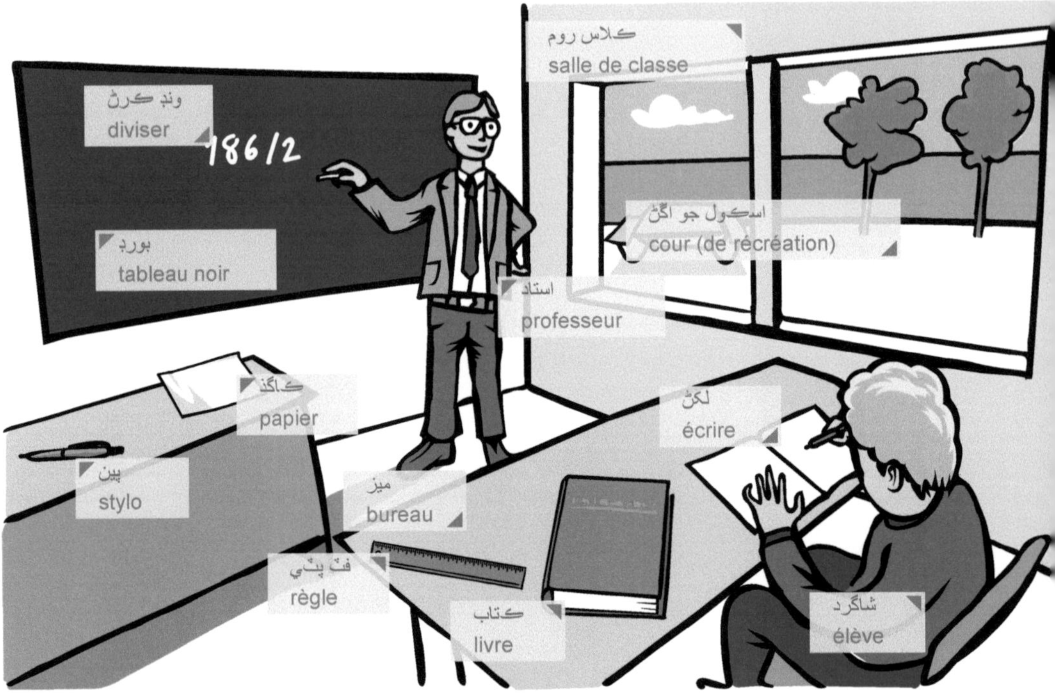

کلاس روم
salle de classe
ونڊ ڪرڻ
diviser
186/2
بورڊ
tableau noir
اسڪول جو اڳڻ
cour (de récréation)
استاد
professeur
ڪاغذ
papier
لکڻ
écrire
پين
stylo
ميز
bureau
فٽ پٽي
règle
ڪتاب
livre
شاگرد
élève

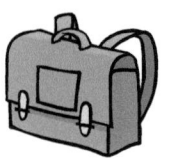

بستو

cartable

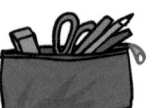

پينسل باڪس

trousse

پينسل

crayon

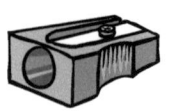

پينسل شارپنر

taille-crayon

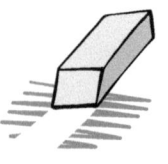

ربڙ

gomme

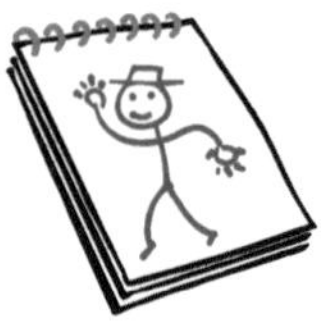

ڊرائنگ پيڊ

carnet à dessin

درائنگ

dessin

پينٹ برش

pinceau

پينٹ باکس

boîte de peinture

قينچي

ciseaux

کئونر

colle

مشق کرن واري کاپي

cahier d'exercices

هوم ورک

devoirs

12

عدد

chiffre

2+2

جوڑ کرن

additionner

5-2

کٹ کرن

soustraire

2×2

ضرب کرن

multiplier

حساب کرن

calculer

A

خط

lettre

ABCDEFG
HIJKLMN
OPQRSTU
VWXYZ

الفابيٹ

alphabet

hello

لفظ

mot

مضمون

texte

پڑھݨ

lire

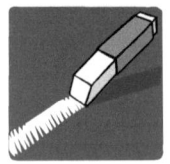

چاک

craie

سبق

leçon

رجسٹر

livre de classe

امتحان

examen

سرٹیفیکیٹ

certificat

اسکول یونیفارم

uniforme scolaire

تعلیم

formation

انسائیکلوپیڈیا

lexique

یونیورسٹی

université

خوردبینی

microscope

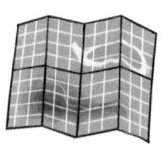

نقشو

carte

ردي جي ٹوکري

corbeille à papier

سفر

voyage

هوٽل
hôtel
Grand
هاسٽل
auberge
ROOMS
CHANGE
رقم تبديل ڪرائڻ جي آفيس
bureau de change
سوٽ ڪيس
valise
ڪار
voiture

ٻولي

langue

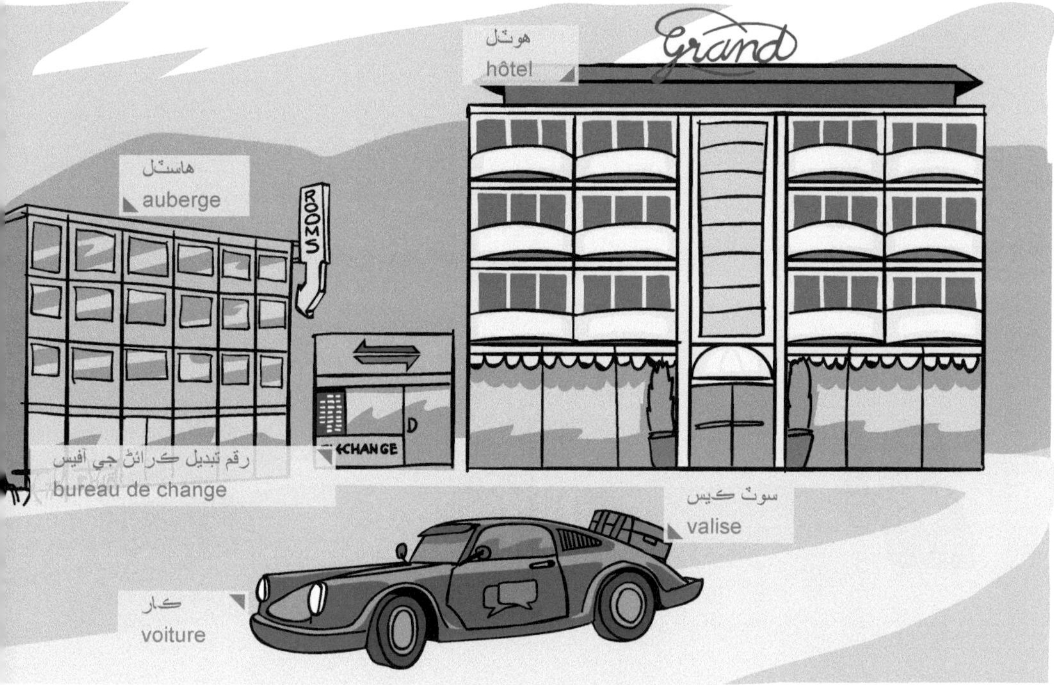

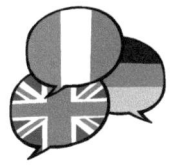

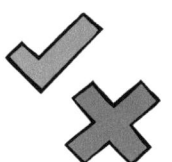

ها يا نه

oui / non

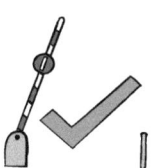

صحيح آهي

d'accord

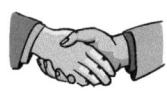

هيلو

Salut

مترجم

interprète

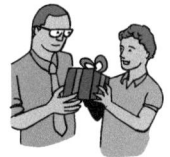

مهرباني

merci

هن جي قيمت گهٽي آهي....؟

Combien coûte...?

مون کي سمجھ ۾ نٿو اچي

Je ne comprends pas

مسئلو

problème

گڊ ايوننگ

Bonsoir !

صبح بخير

Bonjour !

شب خير

Bonne nuit !

الوداع

Au revoir

طرف

direction

سفري سامان

bagages

بيگ

sac

پويان بڌن وارو بيگ

sac-à-dos

مهمان

hôte

ڪمرو

pièce

بستر وارو بيگ

sac de couchage

خيمو

tente

سياحت بابت معلومات

office de tourisme

سمندر كنارو

plage

كريڈٹ كارڈ

carte de crédit

ناشتو

petit-déjeuner

لنچ

déjeuner

ڈنر

dîner

ٹکٹ

billet

لفٹ

ascenseur

مهر

timbre

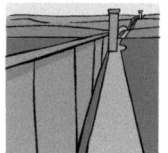

سرحد

frontière

گاهک

douane

سفارتخانو

ambassade

ويزا

visa

پاسپورٹ

passeport

آمد و رفت

transport

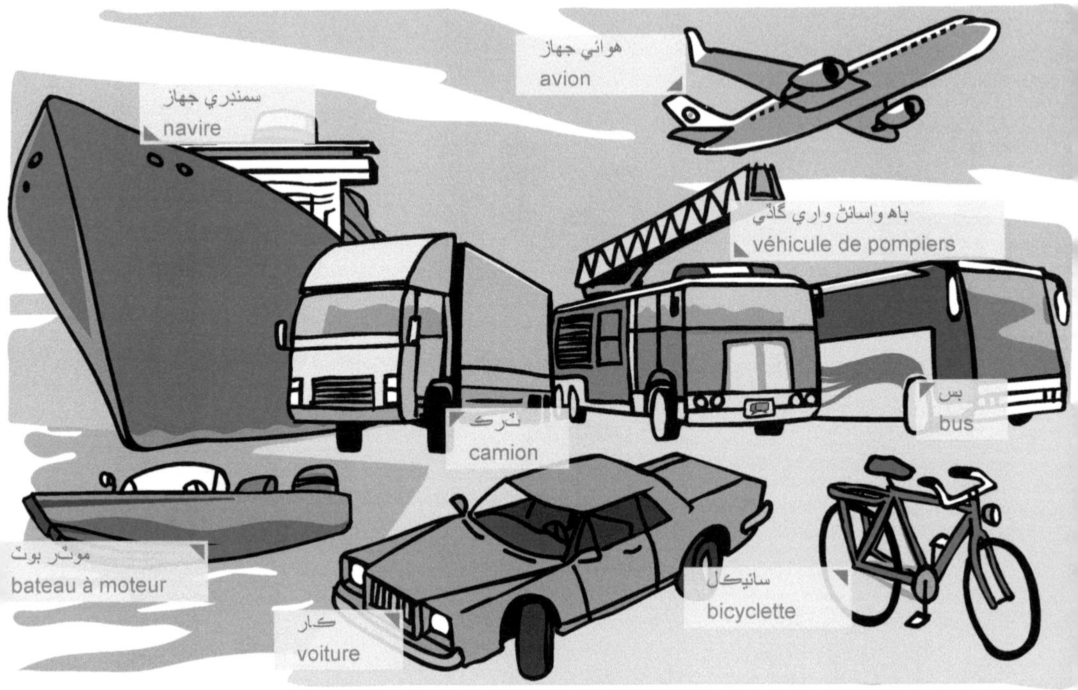
هوائي جهاز
avion
سمندري جهاز
navire
باه واسائڅ واري ګاڈي
véhicule de pompiers
بس
bus
ٹرک
camion
موٹر بوٹ
bateau à moteur
سائيکل
bicyclette
کار
voiture

فيري

ferry

بيړي

barque

موٹر سائيکل

moto

پوليس کار

voiture de police

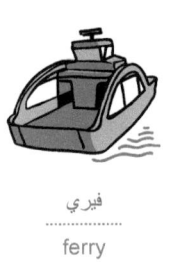

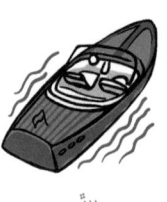

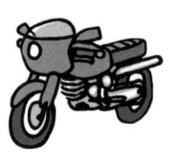

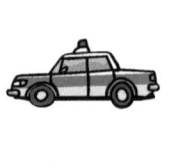

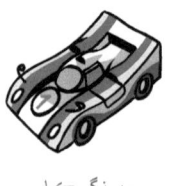

ريسنګ کار

voiture de course

رينټل کار

voiture de location

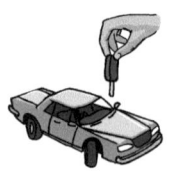

چشئیرنگ کار

auto-partage

چکٹ وارو ٹرک

voiture de remorquage

کچري واري ٹرک

benne à ordures

کار

moteur

فیول

essence

پیٹرول اسٹیشن

station d'essence

ٹریفک جا نشان

panneau indicateur

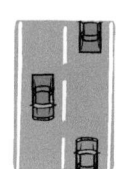

ٹریفک

trafic

ٹریفک جام

embouteillage

کار پارک

parking

ٹرین اسٹیشن

gare

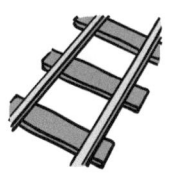

پٹڑیون

rails

ٹرین

train

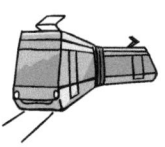

ٹرام

tramway

ویگن

wagon

هيليڪاپٽر

hélicoptère

ايئرپورٽ

aéroport

ٽاور

tour

مسافر

passager

ڪنٽينر

conteneur

ڊٻو

carton

ريڙهي

chariot

ٽوڪري

corbeille

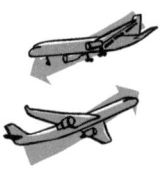

اڏرڻ / زمين تي لهڻ

décoller / atterrir

شهر

ville

ڳوٺ

village

شهر جو مرڪز

centre-ville

گهر

maison

سينيما
cinéma

اشتهار نامو
publicité

استريت ليمپ
réverbère

نوكسي
taxi

گڼتي
rue

اسنوک شاپ
kiosque

پيدل هلټ واژن لاءِ رستو
piéton

پکو رستو
trottoir

زيبرا کراسنگ
passage piéton

بن
poubelle

کراسنگ
carrefour

نريفک لائنس
feux de circulation

جهوپړي
cabane

فليٽ
appartement

نرين اسٽيشن
gare

ٽائون هال
mairie

عجائب گهر
musée

اسکول
école

يونيورسٽي

université

بينڪ

banque

اسپتال

hôpital

هوٽل

hôtel

فارميسي

pharmacie

آفس

bureau

ڪتابن جي ڪتاب

librairie

دڪان

magasin

گلن جي دڪان

fleuriste

سپر مارڪيٽ

supermarché

مارڪيٽ

marché

ڊپارٽمينٽ اسٽور

grand magasin

مڇي جي دڪان

poissonnerie

شاپنگ سينٽر

centre commercial

بندرگاه

port

پارک

parc

بینچ

banque

پل

pont

ڈاکٹ

escaliers

زیر زمین میٹرو

métro

سرنگ

tunnel

بس اسٹاپ

arrêt de bus

شراب خانو

bar

روسٹورینٹ

restaurant

پوسٹ باکس

boîte à lettres

اسٹریٹ سائن

panneau indicateur

پارکنگ میٹر

parcmètre

چڑیا گھر

zoo

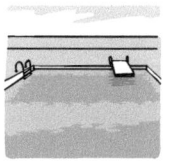

سوئمنگ پول

piscine

مسجد

mosquée

فارم

ferme

آلودگي

pollution

قبرستان

cimetière

چرچ

église

راند جو ميدان

aire de jeux

مندر

temple

زميني منظر

paysage

پتو
feuille

سائن بورڊ
panneau indicateur

رستو
chemin

ساوڪ واري زمين
pré

پٿر
pierre

پيادل هلڻ وارو هائيڪر
randonneur

وڻ
arbre

دريا
rivière

ڇٻر
herbe

گل
fleur

وادي

vallée

جبل

montagne

ڍنڍ

lac

ڳل

forêt

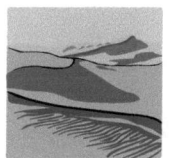

ريگستان

désert

آتش فشان

volcan

قلعو

château

اندلٺ

arc-en-ciel

کني

champignon

کهجي جو وڻ

palmier

مڇر

moustique

مک

mouche

ڪيولي

fourmis

ماکي جي مک

abeille

مکڙي

araignée

ڇْندڕ

coléoptère

ڊْيڈڕ

grenouille

نورينّزو

écureuil

ڃاهو

hérisson

خرگوش

lièvre

چڱرو

chouette

پکي

oiseau

ٻدڪ

cygne

سونئر

sanglier

هرڻ

cerf

آمريڪي هرڻ جو قسم

élan

ڊيم

barrage

هوا سان هلڻ وارو ٽربائين

éolienne

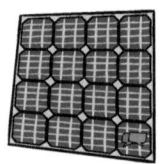

سولر پينل

panneau solaire

آب و هوا

climat

ويٽر
serveur

كاڏي جي فهرست
menu

كرسي
chaise

سوپ
soupe

پيزا
pizza

چهري كانٽا
couverts

نئيل جو كپڙو
nappe

اسٽارٽر
hors d'œuvre

مين كورس
plat principal

كاڏي كانپيوء كائٽ وارو منو
dessert

مشروب
boissons

خوراك
alimentation

بوتل
bouteille

فاسٽ فوڊ

fast-food

اسٽريٽ فوڊ

plats à emporter

ڪٽلي

théière

شگر باؤل

sucrier

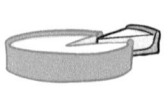

ٽڪڙو

portion

ايسپريسو مشين

machine à expresso

اونچي ڪرسي

chaise haute

بل

facture

ٽري

plateau

چهري

couteau

ڪانٽو

fourchette

چمچ

cuillère

چاٻن جو چمچو

cuillère à thé

سرويٽي

serviette

گلاس

verre

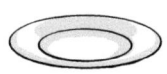

پليټ
....
assiette

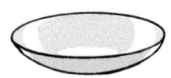

سوپ پليټ
....
assiette à soupe

ساسر
....
soucoupe

چنۍ
....
sauce

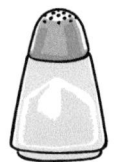

لوڼ داني
....
salière

مرچ پيس وارو
....
moulin à poivre

سرکو
....
vinaigre

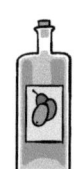

کاڼو پچائ وارو تيل
....
huile

مصالحو
....
épices

کيچ اپ
....
ketchup

سرنهن
....
moutarde

مايونيز
....
mayonnaise

supermarché

خصوصی آفر
offre promotionnelle

خريدار
client

ديري
produits laitiers

فروٹ
fruits

ٹرالى
chariot

گوشت جي دکان
....
boucherie

بيکري
....
boulangerie

وزن کرنا
....
peser

سبزيون
....
légumes

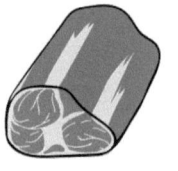

گوشت
....
viande

جميل کاڻو
....
aliments surgelés

سرد گوشت

charcuterie

دٻي ۾ بند کاڌو

conserves

واشنگ پاؤڊر

poudre à lessive

مٺائي

bonbons

گهريلو سامان

articles ménagers

صفائي کرڻ وارا پراڊڪٽس

détergents

سيلز پرسن

vendeuse

ڪيش رجسٽر

caisse

خزانچي

caissier

خريداري جي فهرست

liste d'achats

اوقات ڪار

heures d'ouverture

پرس

portefeuille

ڪريڊٽ ڪارڊ

carte de crédit

بيگ

sac

پلاسٽڪ بيگ

sac en plastique

منbegan

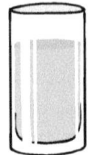

پاڻی

eau

جوس

jus de fruit

کیر

lait

کوک

coca

وائن

vin

بیئر

bière

الكوهل

alcool

کوکو

chocolat chaud

چائی

thé

کافي

café

ایسپریسو

expresso

کپیوچینو

cappuccino

كيلو

banane

صوف

pomme

مالتَو

orange

خربوذو

melon

ليمون

citron

گجر

carotte

ثُوم

ail

بانس

bambou

بصر

oignon

كنيي

champignon

اخروٹ، بادام

noisettes

نودلز

pâtes

اسپيگتّي
....
spaghetti

چانور
....
riz

سلاد
....
salade

چپس
....
pommes frites

تريل پئاتّا
....
pommes de terre rôties

پيزا
....
pizza

هيم برگر
....
hamburger

سينډوچ
....
sandwich

گوشت جو ٹکرو
....
escalope

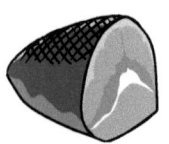

سور جي ران جو گوشت
....
jambon

خشڪ گوشت
....
salami

ساسيج
....
saucisse

مرغي
....
poulet

روسٽ
....
rôti

مڇي
....
poisson

جوَ جو دليا

flocons d'avoine

ميوزلي

muesli

كارن فليكس

cornflakes

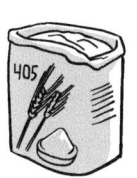

انٹو

farine

كرونسنٹ

croissant

بريڈ رول

petits-pains

بريڈ

pain

ٹوسٹ

pain grillé

بسكٹ

biscuits

مكّنا

beurre

دہی

le fromage blanc

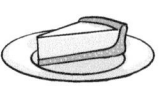

كيك

gâteau

انڈا

œuf

فرائي ٹيل اندو

œuf au plat

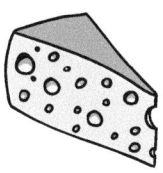

پنير

fromage

آنس كريم

glace

كند

sucre

ماكي

miel

مربو

confiture

چاكليت اسپريد

crème nougat

بلاجي

curry

فارم

ferme

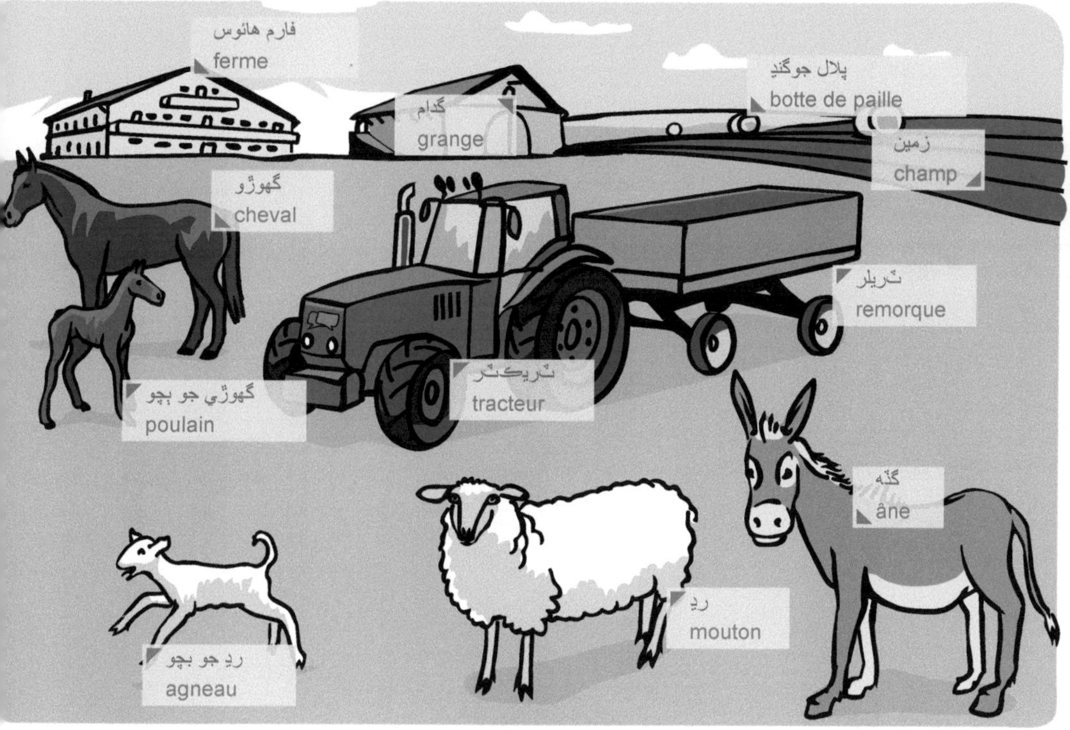
فارم هائوس
ferme
گدام
grange
پلال جوگنڊ
botte de paille
زمين
champ
گهوڙو
cheval
ٽريلر
remorque
گهوڙي جو ٻچو
poulain
ٽريڪٽر
tracteur
گڏه
âne
رڍ
mouton
رڍ جو ٻچو
agneau

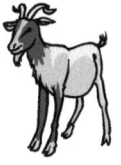

ٻڪري

chèvre

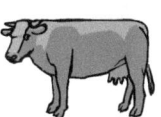

ڳئون

vache

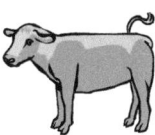

پاڏو

veau

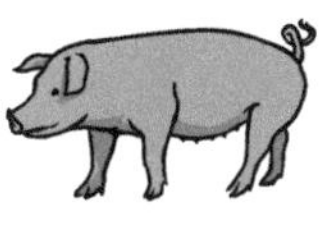

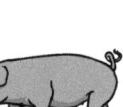

سؤر

porc

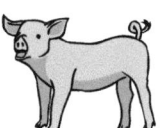

سؤر جو ٻچو

porcelet

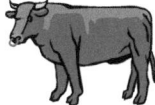

ڍڳو

taureau

هنس

oie

بدک

canard

چوزا

poussin

مرغی

poule

مرغو

coq

کونو

rat

بلی

chat

کونو

souris

ڈاند

bœuf

کتو

chien

کتي جو گهر

chenil

گاربن هوز

tuyau de jardin

پاڻي جو کين

arrosoir

ڈاٽو

faucheuse

هر

charrue

ڈاتّو

faucille

رنبو

pioche

ڈانداري

fourche

کهاڑو

hache

هٹّ سان هلائٹ واري ريڑهي

brouette

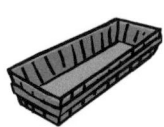

حوض

cuve

کير جو ڈبو

pot à lait

ڇوٽ

sac

لوڙهو

clôture

اصطبل

étable

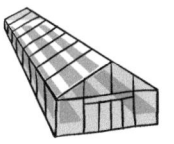

گرين هائوس

serre

مٽّي

sol

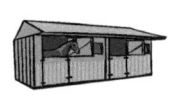

ٻج

semences

کهاد

engrais

کمبائند هارويسٽر

moissonneuse-batteuse

فصل ڪـٿ

récolter

فصل ڪـٿ

récolte

هڪ قسم جي تركاري

igname

ڪـڻڪ

blé

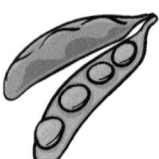

سويا

soja

پٽاٽو

pomme de terre

مڪاني

maïs

توري جو ٻج

colza

ميون جو وڻ

arbre fruitier

ڪساوا

manioc

اناج

céréales

گهر

maison

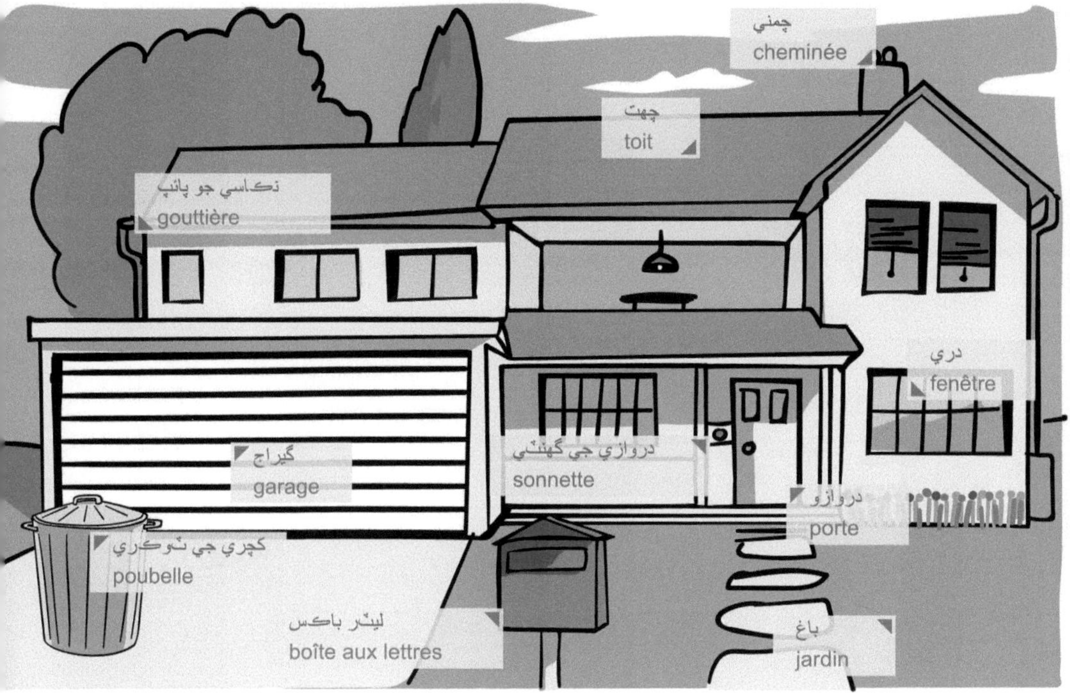

چمني
cheminée
ڇت
toit
نڪاسي جو پائپ
gouttière
دري
fenêtre
گيراج
garage
دروازي جي گھنٽي
sonnette
دروازو
porte
ڪچري جي ٽوڪري
poubelle
ليٽر باڪس
boîte aux lettres
باغ
jardin

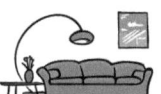

لوونگ روم

salon

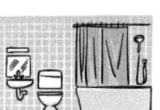

غسل خانو

salle de bain

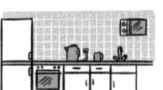

باورچي خانو

cuisine

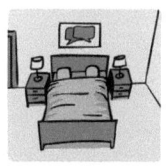

بيڊروم

chambre à coucher

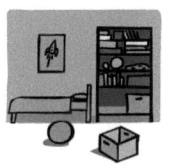

ٻارن جو ڪمرو

chambre d'enfant

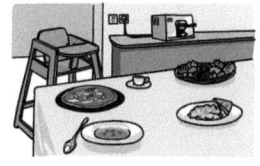

ڊائننگ روم

salle à manger

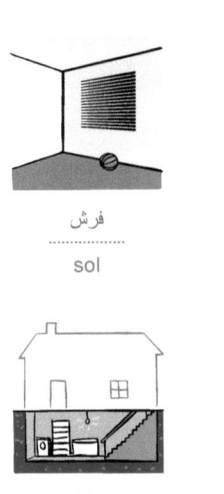

فرش
....
sol

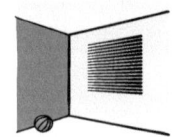

ديوار
....
mur

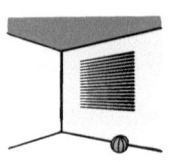

چهت
....
plafond

تهخانو
....
cave

باٹ وارو غسل
....
sauna

بالکوني
....
balcon

ٹيرس
....
terrasse

تلاؤ
....
piscine

گاه کنٹ واري مشين
....
tondeuse à gazon

چادر
....
housse

چادر
....
couette

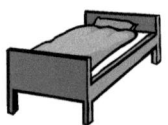

بيد
....
lit

جهاڑو
....
balai

بالٹـي
....
sceau

سونچ
....
interrupteur

لوونگ روم

salon

وال پيپر
papier peint
تصوير
image
ليمپ
lampe
شيلف
étagère
الماري
armoire
ټيليويزن
télé
باهوواري چمني
cheminée
گل
fleur
کشن
coussin
صوفو
sofa
گلدان
vase
ريموټ کنټرول
télécommande

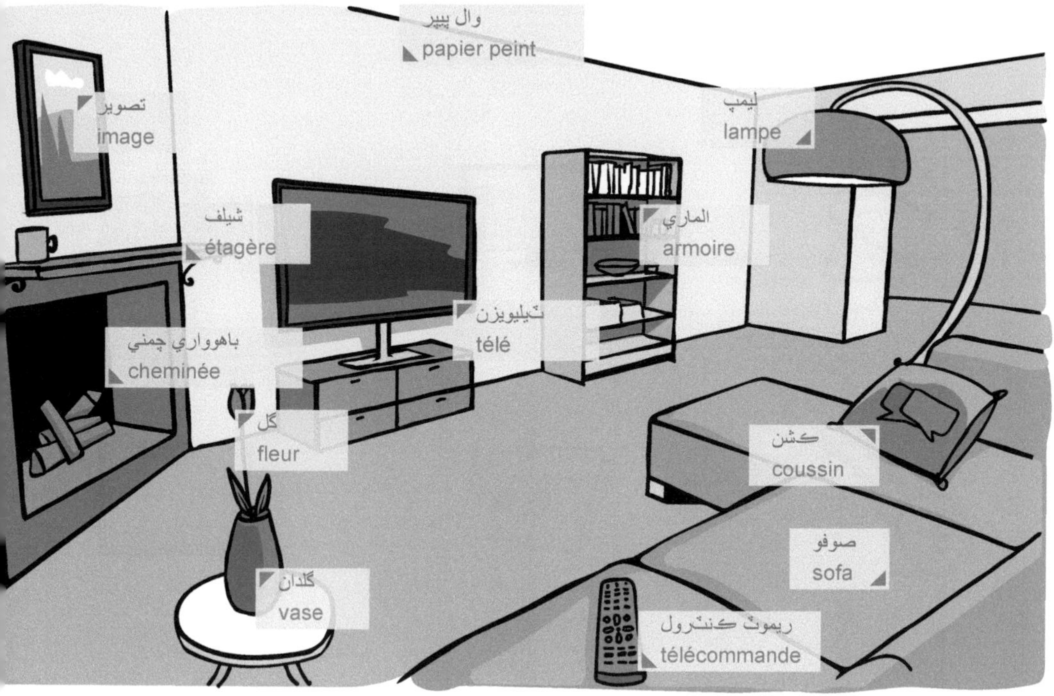

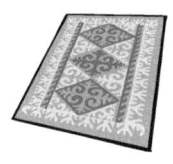

قالين

tapis

پردو

rideau

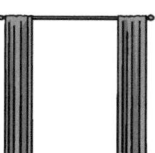

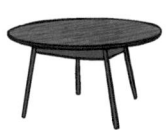

ميز

table

کرسي

chaise

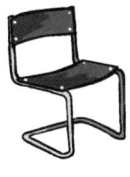

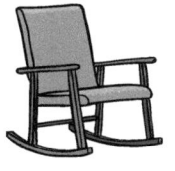

لڈث واري کرسي

chaise à bascule

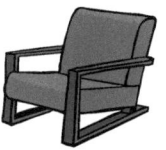

آرام کرسي

fauteuil

كتاب

livre

كمبل

couverture

آرائش

décoration

ٻارڻ واريون ڪاٺيون

bois de chauffage

فلم

film

هاني فاني

chaîne hi-fi

چاٻي

clé

اخبار

journal

پينٽنگ

peinture

پوسٽر

poster

ريڊيو

radio

نوٽ بڪ

bloc-notes

ويڪيوم ڪلينر

aspirateur

ٿوهر جو ٻوٽو

cactus

ميڻ بتي

bougie

باورچي خانو

cuisine

فرج
réfrigérateur
مائڪرو ويو اوون
four à micro-ondes
ڪچن اسڪيل
balance de cuisine
ٽوسٽر
grille-pain
بيٽرجنٽ
détergent
چلهو
four
فريزر
compartiment congélateur
ڪچري جي ٽوڪري
poubelle
بش واشر
lave-vaisselle

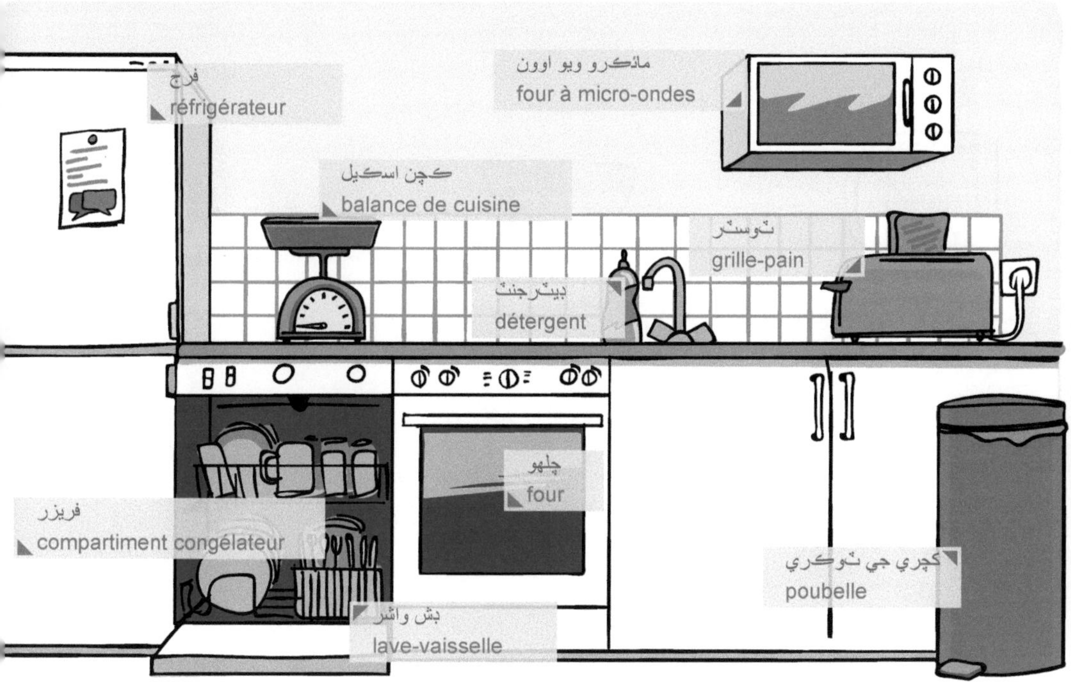

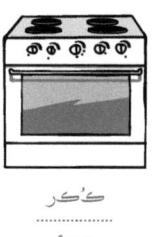

ڪُڪر

four

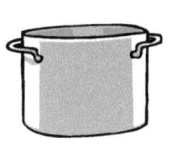

ٿانوَ

casserole

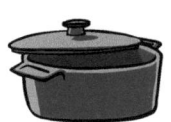

ڪاسٽ آئرن جا ٿانو

marmite

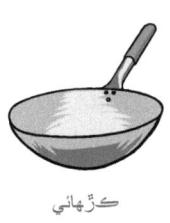

ڪڙهائي

wok / kadai

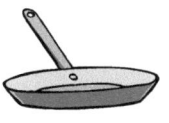

ترڻ وارو ٿانو

poêle

ڪٽلي

bouilloire electrique

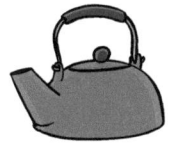

اسټیمر

cuiseur vapeur

بیکنګ ټري

plaque de cuisson

کراکري

vaisselle

مګ

gobelet

پیالو

coupe

چاپ اسټکس

baguettes

ډوني

louche

تّفلّي

spatule

سبزي مکسر

fouet

چهاټي

passoire

چهاټي

tamis

کدو کش وارو اوزار

râpe

اکري

mortier

بار بي کيو

barbecue

کلیل باه

cheminée

سبزي كَنْڻ وارو بورڈ

planche à découper

ويلڻ

rouleau à pâtisserie

كارك اسكريو

tire-bouchon

كين

boîte

كين اوپنر

ouvre-boîte

ٿانوَ پكڙڻ وارو كپڙو

maniques

سنڪ

lavabo

برش

brosse

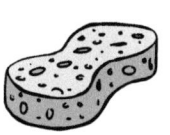

اسفنج

éponge

بليندر

mixeur

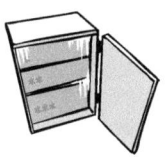

ڊيپ فريزر

congélateur

بار جي بوتل

biberon

نل

robinet

salle de bain

شاور
douche

هيتنگ
chauffage

تواول
serviette

شاور کرتين
rideau de douche

بل باث
bain moussant

باث تب
baignoire

گلاس
verre

واشنگ مشين
machine à laver

نل
robinet

تاينلز
carrelage

پاتي
pot

سنك
lavabo

تاينلت
toilettes

اوکرو ويهٿ وارو تواينلت
toilette à la turque

شرم گاه ٿونٿ وارو تب
bidet

پيشاب گاه
urinoir

تاينلت پيپر
papier toilette

تاينلت برش
brosse à toilette

 برش ته‌وّنْ

brosse à dents

پيسْتْ ته‌وّنْ

dentifrice

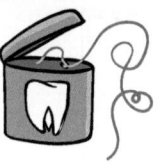

فلاس ل‌نينْبد

fil dentaire

نژوثْ

laver

شاور هيندب

douche manuelle

شاور

douche intime

برش كيب

vasque

برش كيب

brosse dorsale

صابن

savon

شاور جيل

gel douche

شيمپو

shampooing

فلالين

gant de toilette

برين

écoulement

كريم

crème

ديودورنتْ

déodorant

آئینو

miroir

هٹ م پکڑٹ وارو آئینو

miroir cosmétique

ریزر

rasoir

ٹیونگ فوم

mousse à raser

آفٹر ٹیو

après-rasage

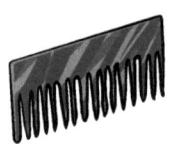

ڨنّي

peigne

برش

brosse

هینر برائیر

sèche-cheveux

هینر اسپري

laque pour cheveux

میک اپ

fond de teint

سرخي

rouge à lèvres

نیل وارنش

vernis à ongles

کپه

ouate

نیل سیزر

coupe-ongles

پرفیوم

parfum

واش بيگ

trousse de toilette

اسٹول

tabouret

وزن کرٹ واري مشين

pèse-personne

باتھ روب

peignoir

ریڑ جا دستانا

gants de nettoyage

ٹیمپون

tampon

صفائي وارو ٹاول

serviettes hygiéniques

کیميائي ٹوائلٹ

toilette chimique

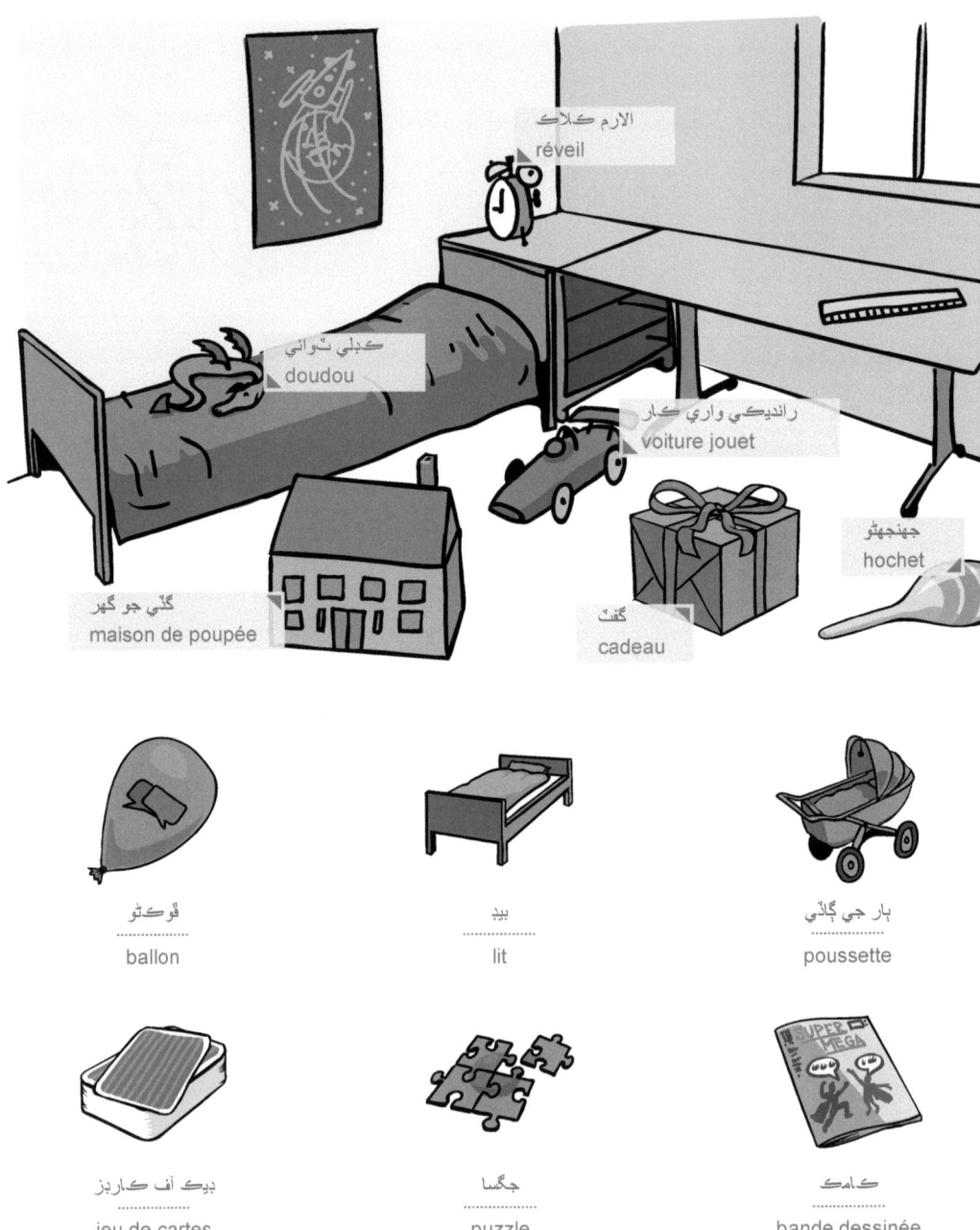

الارم ڪلاڪ
réveil

ڪڍلي ٽوائي
doudou

رانديڪي واري ڪار
voiture jouet

جهنجهٽو
hochet

گڏي جو گهر
maison de poupée

گفٽ
cadeau

قوڪتو
ballon

بيڊ
lit

پار جي گاڏي
poussette

ڊيڪ آف ڪارڊز
jeu de cartes

جگسا
puzzle

ڪامڪ
bande dessinée

ليگوبرگس

pièces lego

رانديكن وارا بلاكس

blocs de construction

ايكشن فگر

figurine

بيبي گرو

grenouillère

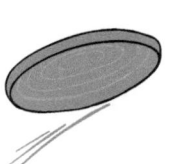

فرسبي

frisbee

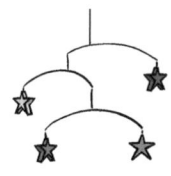

رانديكي واري موبائل

mobile

بورڊ گيم

jeu de société

چهكو

dé

مادل ٽين سيٽ

train miniature

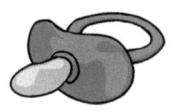

بارن جي چوسڻ واري نپل

sucette

پارٽي

fête

تصوير واري كتاب

livre d'images

بال

balle

گڏي

poupée

كيڏڻ

jouer

سينڊ پِٽ

bac à sable

جهولا

balançoire

رانديڪا

jouets

وڊيو گيم ڪنسول

console de jeu

نّن قِيّن واري سائيڪل

tricycle

ٽيڊي بينر

ours en peluche

ڪپڙن جي الماري

armoire

لباس

vêtements

جرابا

chaussettes

اسٽاڪنگز

bas

ٽائنٽس

collant

اسکارف
écharpe

چتّی
parapluie

تّی شرت
t-shirt

بیلٹ
ceinture

بوٹ
bottes

چپل
pantoufles

جاگر شوز
baskets

سینڈل
sandales

جوتا
chaussures

ربّر جا بوٹ
bottes de caoutchouc

انڈرپینٹّس
sous-vêtements

بریزر
soutien-gorge

واسکٹ
maillot de corps

جسم

body

پتلون

pantalon

جينز پينٽ

jean

اسڪرٽ

jupe

چولو

chemisier

قميض

chemise

جرسي

pull

هوڊي

sweat à capuche

بليزر

veste

جيڪٽ

veste

ڪوٽ

manteau

بارش ۾ پائڻ وارو ڪوٽ

imperméable

پوشاڪ

costume

لباس

robe

شادي جولباس

robe de mariée

سوٽ
costume

نائٽ گاؤن
chemise de nuit

پاجامو
pyjama

ساڙي
sari

مٿي تي بڌل وارو اسڪارف
foulard

پڳڙي
turban

برقعو
burqa

ڪفتان
caftan

عبايو
abaya

تيراڪي جو لباس
maillot de bain

چڊي
maillot de bain

نيڪر
short

ٽريڪ سوٽ
tenue d'entraînement

اپرن
tablier

دستانا
gants

بتّڼ

bouton

چشموو

lunettes

بريسليت

bracelet

هار

collier

مندي

bague

واليون

boucle d'oreille

ٿوپي

bonnet

کوٽ هينگر

cintre

ٿوپي

chapeau

ٿائي

cravate

زپ

fermeture éclair

هيلمٽ

casque

بريسز

bretelles

اسڪول يونيفارم

uniforme scolaire

وردي

uniforme

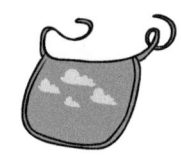

بارن لاء ڳلي ۾ ٻڌڻ وارو ڪپڙو

bavoir

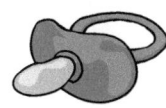

بارن جي چوسڻ واري نپل

sucette

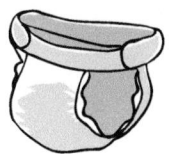

ڪڇو

lange

آفس

bureau

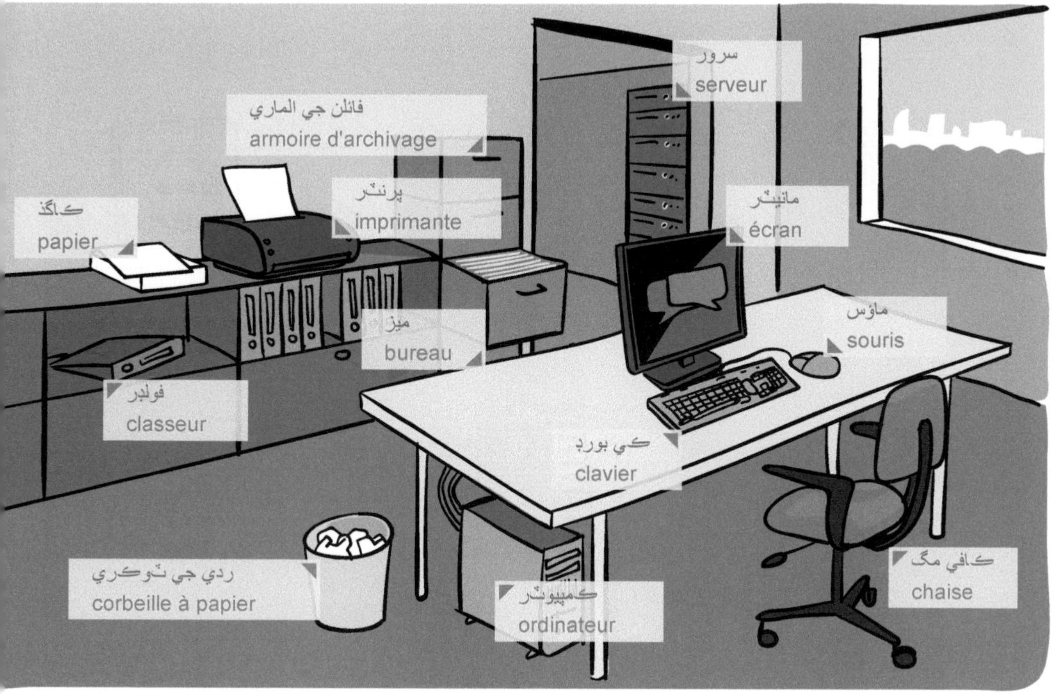

سرور
serveur
فائلن جي الماري
armoire d'archivage
ڪاغذ
papier
پرنٽر
imprimante
مانيٽر
écran
ماؤس
souris
ميز
bureau
فولڊر
classeur
ڪي بورڊ
clavier
ردي جي ٽوڪري
corbeille à papier
ڪمپيوٽر
ordinateur
ڪافي مگ
chaise

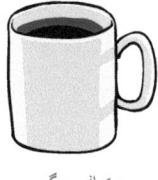

ڪافي مگ

tasse de café

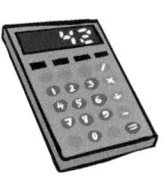

ڪيلڪيوليٽر

calculatrice

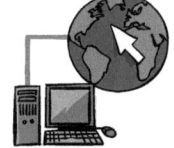

انٽرنيٽ

internet

لیپ ٹاپ
....
ordinateur portable

خط
....
lettre

پیغام
....
message

موبائل
....
portable

نیٹ ورک
....
réseau

فوٹو کاپی کرنٹ واري مشین
....
photocopieuse

سافٹ ویئر
....
logiciel

ٹیلي فون
....
téléphone

پلگ ساکٹ
....
prise

فیکس مشین
....
fax

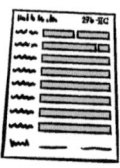

فارم
....
formulaire

دستاویز
....
document

خرید کرڻ

acheter

ادا کرڻ

payer

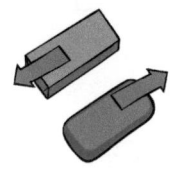

صاف کرڻ

faire du commerce

پيسا

monnaie

 USD

ڊالر

dollar

 EUR

يورو

euro

 JPY

يين

yen

 RUB

روبل

rouble

 CHF

سوئس فرانڪ

franc suisse

 CNY

رينمنيی يوآن

renminbi yuan

 INR

روپيو

roupie

ڪيش پوائنٽ

distributeur automatique

رقم تبدیل كرائٹ جی آفیس

bureau de change

سون

or

چاندی

argent

خام تیل

pétrole

توانائی

énergie

قیمت

prix

معاہدہ

contrat

ٹیکس

taxe

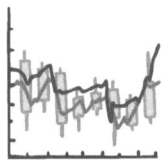

ذخیرو

action

كم كرٹ

travailler

ملازم

employé

آجر

employeur

فیکٹری

usine

دكان

magasin

52   معیشت - économie

پیشو

professions

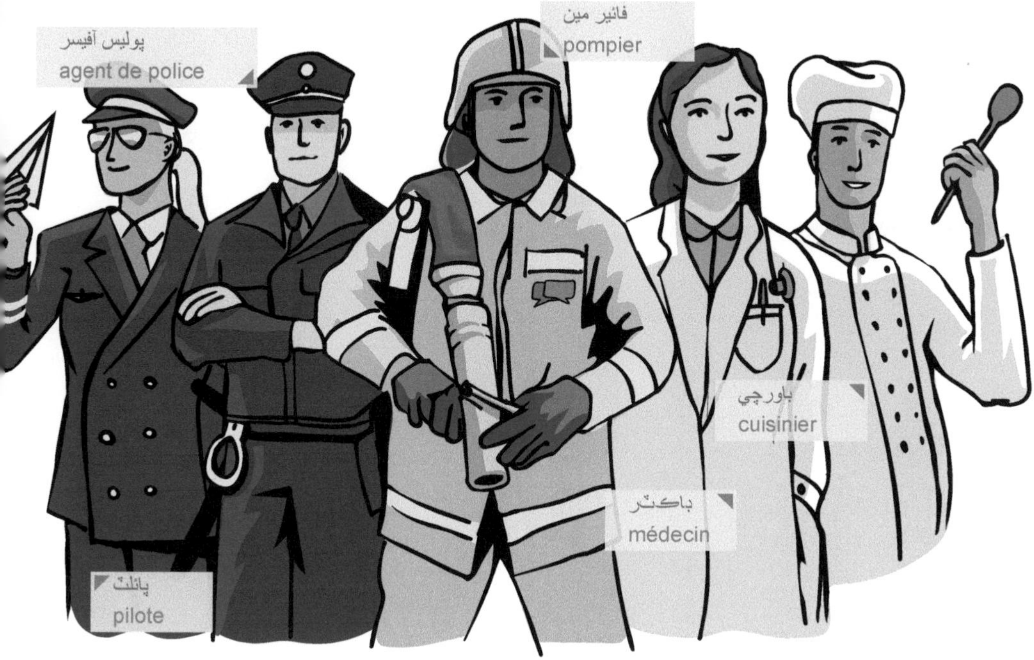

پولیس آفیسر
agent de police
فائیر مین
pompier
باورچي
cuisinier
ډاکټر
médecin
پائلټ
pilote

مالي

jardinier

وایو

menuisier

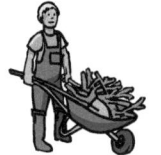

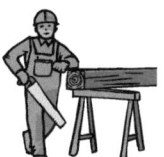

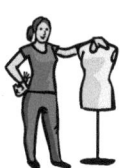

درزن

couturière

جج

juge

کیمیسټ

chimiste

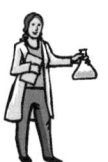

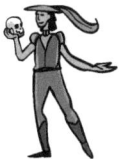

اداکار

acteur

بس ڊرائيور

conducteur de bus

ٽيڪسي ڊرائيور

chauffeur de taxi

مڇي مارڻ وارو

pêcheur

صفائي ڪرڻ واري ماڻي

femme de ménage

ڇهت ٺاهڻ وارو

couvreur

ويٽر

serveur

شڪاري

chasseur

رنگ ساز

peintre

نانوائي

boulanger

اليڪٽريشن

électricien

بلڊر

ouvrier

انجنيئر

ingénieur

ڪاسائي

boucher

پلمبر

plombier

پوسٽ مين

facteur

سپاهي

soldat

آرکيټيکټ

architecte

خزانچي

caissier

گل کپائټ وارو

fleuriste

نائي

coiffeur

کنډيکټر

contrôleur

مکينک

mécanicien

کپتان

capitaine

ډينټسټ

dentiste

سائنسدان

scientifique

يهودي عالم

rabbin

امام

imam

راهب

moine

پادري

prêtre

اوزار
outils

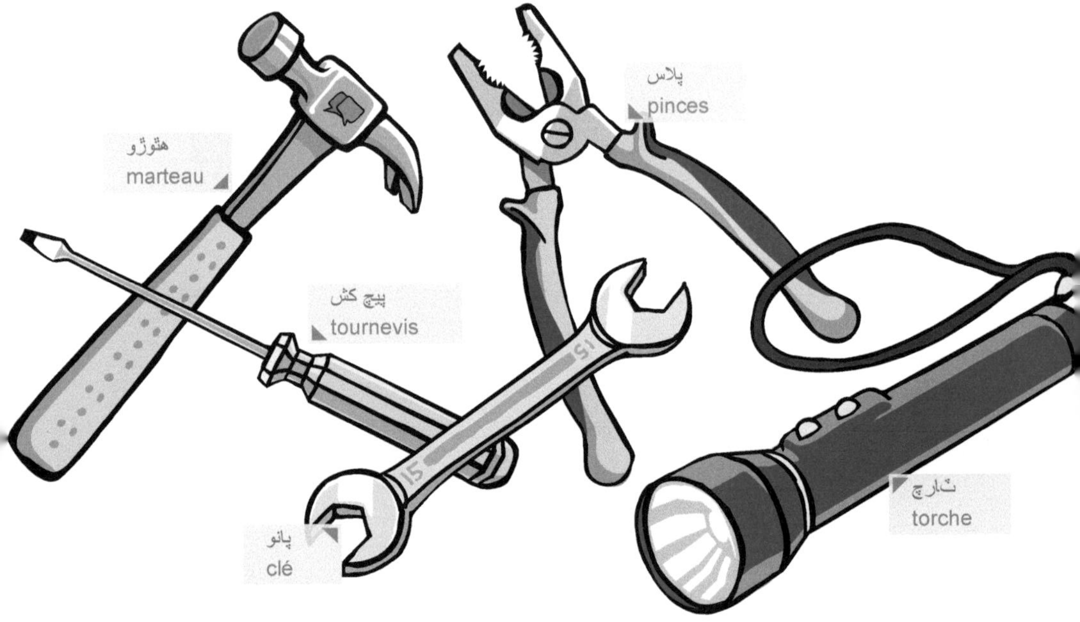

ہتھوڑو
marteau
پلاس
pinces
پیچ کش
tournevis
15
پانو
clé
ٹارچ
torche

ایکسکویٹر

pelleteuse

ٹول باکس

boîte à outils

ڈاکٹ

échelle

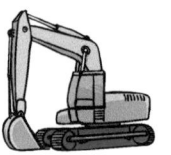

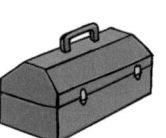

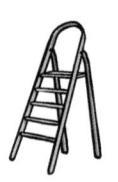

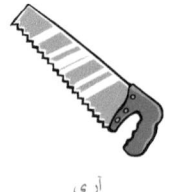

آري

scie

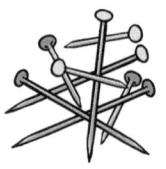

کوکو

clous

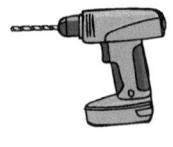

برل

perceuse

مرمت كرڻ

réparer

ٻيلچو

pelle

لعنت هجي!

Mince !

ڪچري دان

pelle

پينٽ وارو ڊٻو

pot de peinture

پيچ

vis

موسيقي جا اوزار

instruments de musique

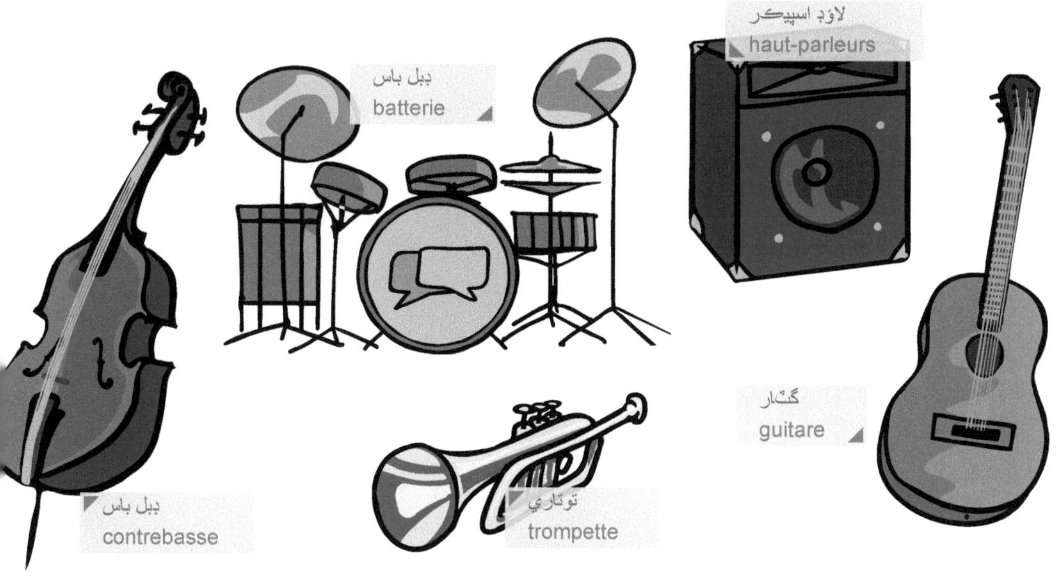

دبل باس
batterie

لائوڊ اسپيڪر
haut-parleurs

گٽار
guitare

دبل باس
contrebasse

توتاري
trompette

پيانو

piano

وائلن

violon

گٽار

basse

ٽمپاني

timbales

ڊرم

tambour

ڪي بورڊ

piano électrique

سيڪسوفون

saxophone

بانسري

flûte

مائيڪروفون

microphone

چڙيا گهر

zoo

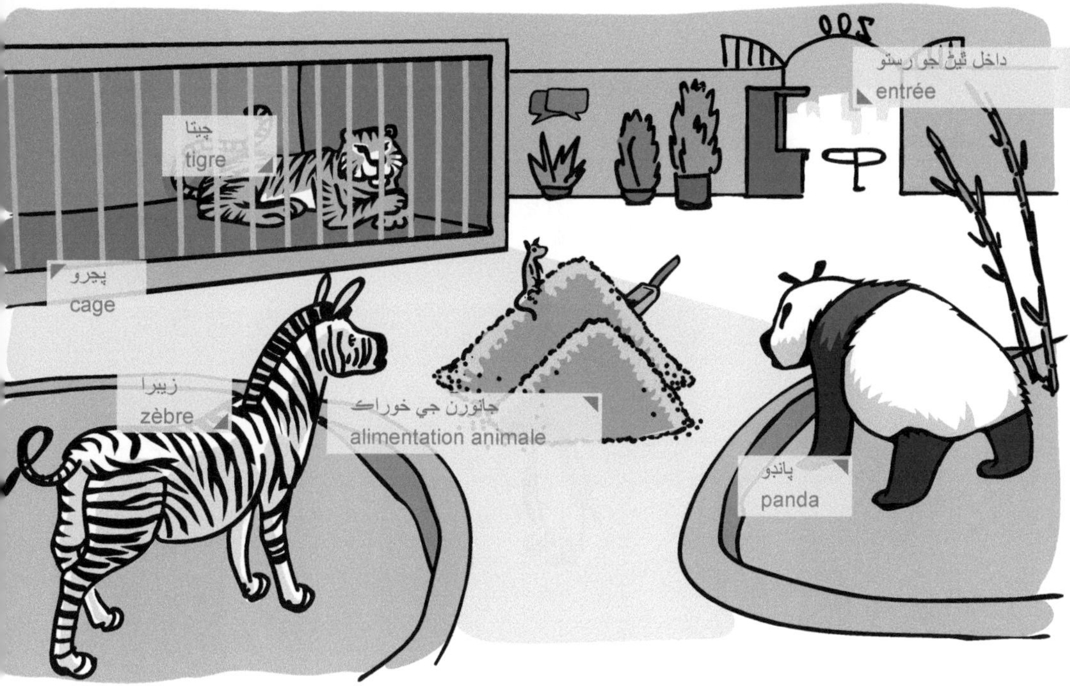
zoo
داخل ٿيڻ جو رستو
entrée
چيتا
tigre
پڃرو
cage
زيبرا
zèbre
جانورن جي خوراڪ
alimentation animale
پانڊو
panda

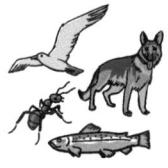

جانور

animaux

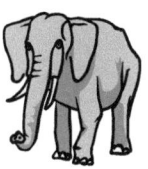

هاٿي

éléphant

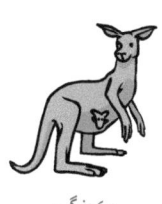

ڪينگرو

kangourou

گينڊو

rhinocéros

گوريلو

gorille

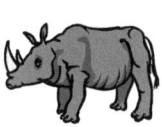

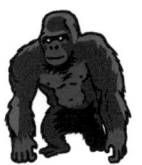

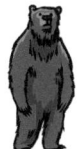

رڇ

ours

اٺ

chameau

شتر مرغ

autruche

شينهن

lion

پولڙو

singe

فليمنگو

flamand rose

طوطو

perroquet

برفاني رڇ

ours polaire

ڪبوتر

pingouin

شارڪ

requin

مور

paon

نانگ

serpent

واڳون

crocodile

چڙيا گھر جو محافظ

gardien de zoo

ڳوج مڇي

phoque

چيتو

jaguar

نٛټٛون

poney

چيتو

léopard

درياني گهوړو

hippopotame

چزراف

girafe

باز

aigle

سوئر

sanglier

مڇي

poisson

كمي

tortue

ساموندي گهوړو

morse

لومړي

renard

هرڼ

gazelle

sports

آمریکن فوتبال
american Football

سائکلنگ
cyclisme

تینس
tennis

باسکت بال
basket-ball

تیراکي
natation

باکسنگ
boxe

آئس هاکي
hockey sur glace

فوتبال
football

بیندمنٹن
badminton

ایتھلیٹکس
athlétisme

ہینڈ بال
handball

اسکیننگ
ski

پولو
polo

سرگرميون

activités

ٽپو ڏيڻ
sauter
پاڪر پائڻ
embrasser
ڪلڻ
rire
هلڻ
marcher
ڳانو ڳائڻ
chanter
خواب ڏسڻ
rêver
دعا ڪرڻ
prier
چمي ڏيڻ
faire la bise

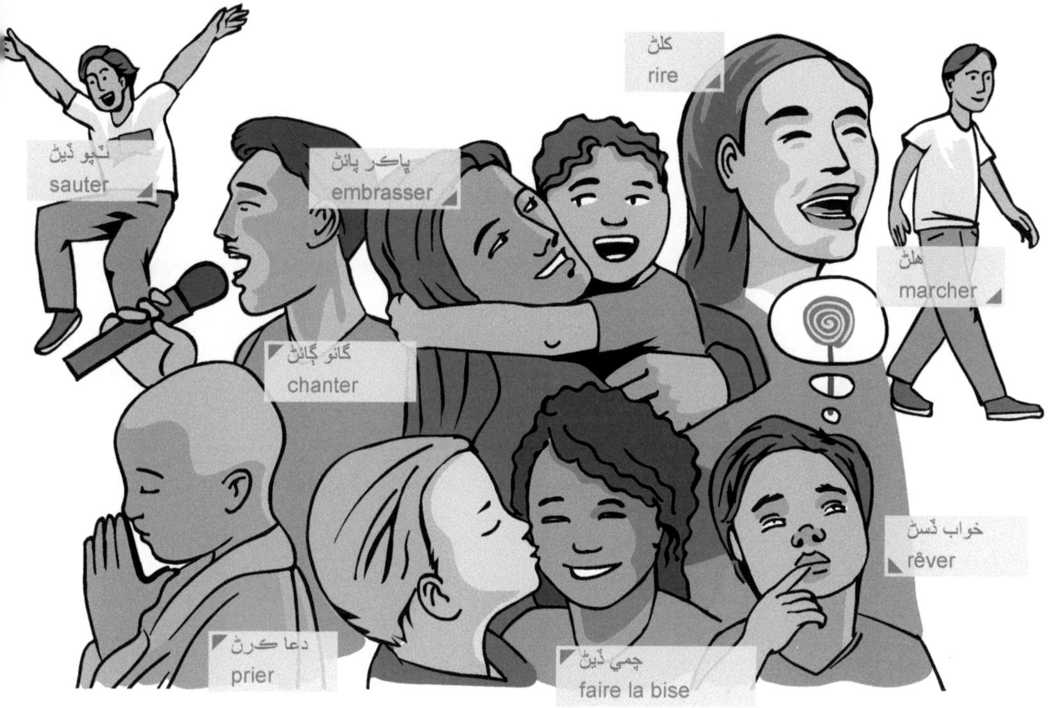

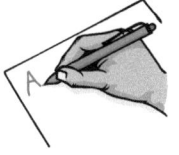

لکڻ

écrire

تصوير ڪشي ڪرڻ

dessiner

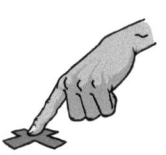

ڏيکارڻ

montrer

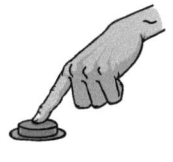

ڌڪو ڏيڻ

pousser

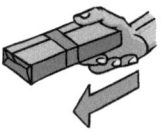

ڏيڻ

donner

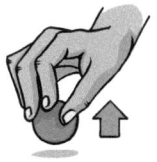

وٺڻ

prendre

رکڻ

avoir

ڪرڻ

faire

ٿيڻ

être

بيھڻ

être debout

ڀڄڻ

courir

چڪڻ

trier

اڇلائڻ

jeter

ڪرڻ

tomber

ڪروٽ ڀالھائڻ

être couché

اندظار ڪرڻ

attendre

کڻي وڃڻ

porter

ويھڻ

être assis

تيار ٿيڻ

s'habiller

سمنھڻ

dormir

جاڳڻ

se réveiller

ٹسُنڈ

regarder

روئڻ

pleurer

ڏک ھٿ

caresser

ڪنگي ڪرڻ

peigner

ڳالھائڻ

parler

سمجھڻ

comprendre

پڇڻ

demander

ٻڌڻ

écouter

پيئڻ

boire

کائڻ

manger

صاف ڪرڻ

ranger

پيار ڪرڻ

aimer

پچائڻ

cuire

گاڏي ھلائڻ

conduire

اڏرڻ

voler

بحري سفر کرڻ

faire de la voile

حساب کرڻ

calculer

پڙھڻ

lire

سکڻ

apprendre

کم کرڻ

travailler

شادي کرڻ

se marier

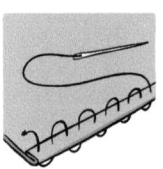

سيڻ

coudre

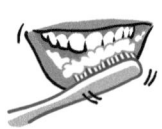

ڏندن کي برش کرڻ

brosser les dents

قتل کرڻ

tuer

سگريٽ پيئڻ

fumer

موکلڻ

envoyer

خاندان

famille

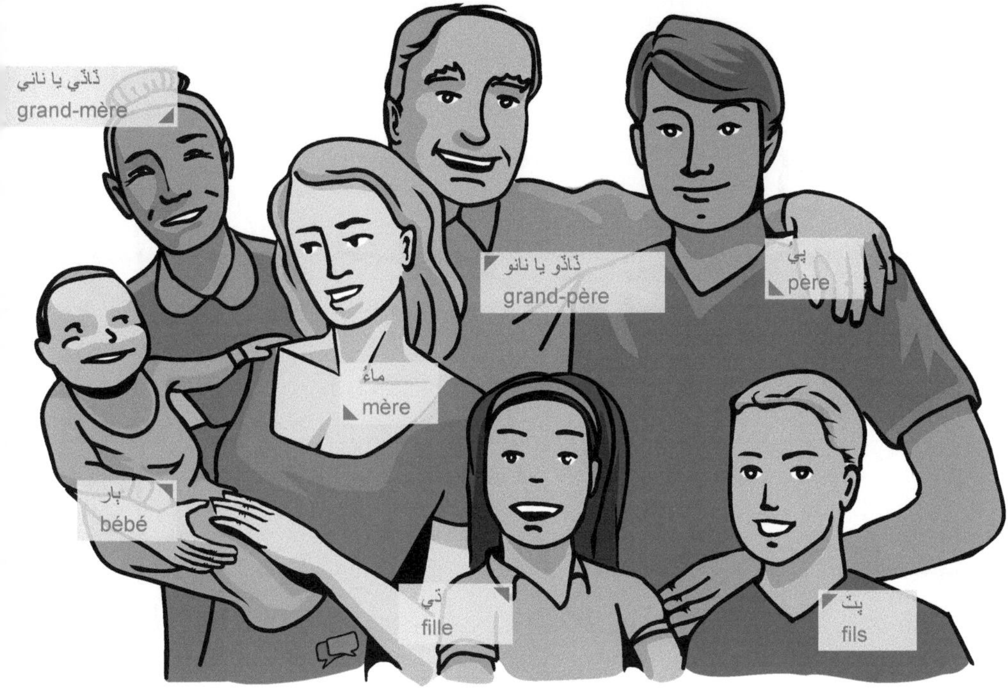
ڏاڏي يا ناني
grand-mère
ڏاڏو يا نانو
grand-père
پيُ
père
ماءُ
mère
ٻار
bébé
ڌي
fille
پٽ
fils

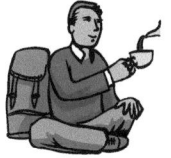

مهمان

hôte

چاچي

tante

چاچو

oncle

ڀاءُ

frère

ڀيڻ

sœur

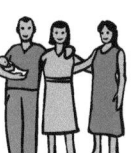

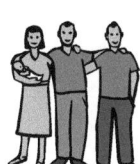

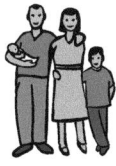

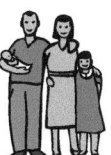

جسم

corps

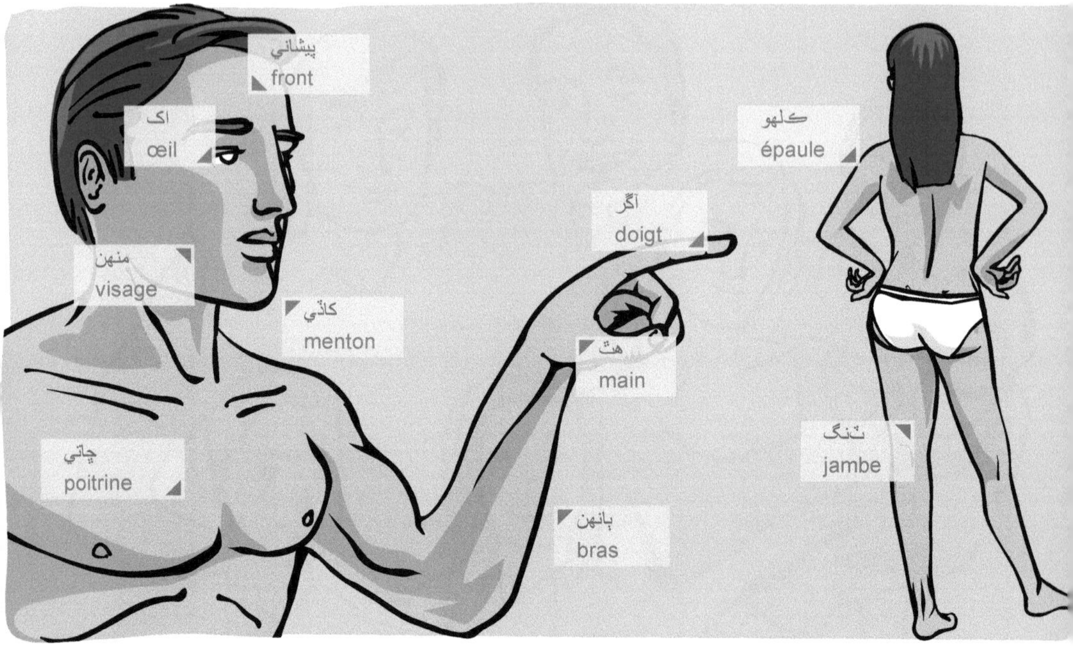

پيشاني
front
اک
œil
ڪلهو
épaule
آڱر
doigt
منهن
visage
ڪاڏي
menton
هٿ
main
ٽنگ
jambe
چاتي
poitrine
ٻانهن
bras

ٻار

bébé

ماڻهون

homme

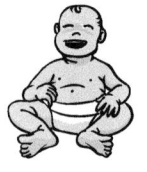

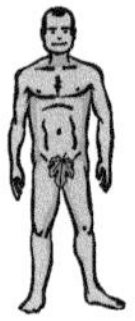

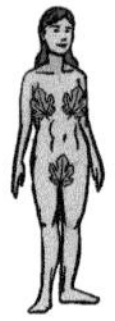

عورت

femme

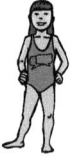

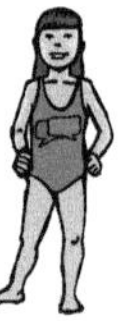

ڇوڪري

fille

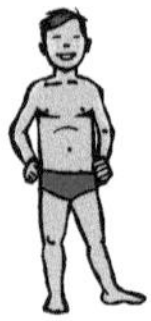

ڇوڪرو

garçon

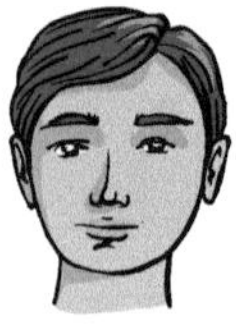

مٿو

tête

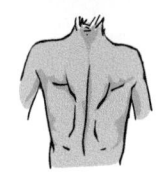

پنْي

dos

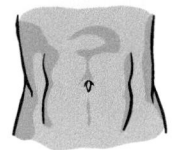

پيټ

ventre

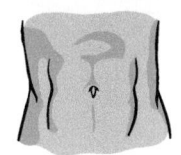

دن

nombril

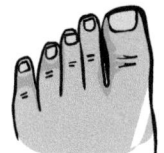

پيرِ جو آگوڻو

orteil

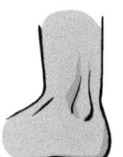

کڙي

talon

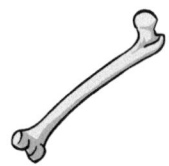

هڏي

os

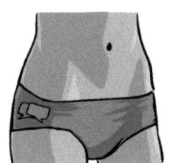

پندڙ

hanche

گوڏو

genou

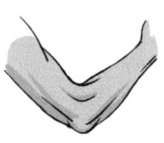

ٺونٺ

coude

ذک

nez

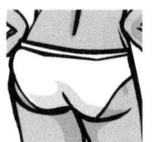

هيڻهيون حصو

fesses

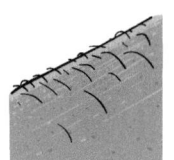

کل

peau

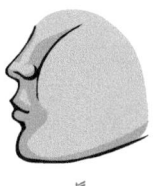

ڳٻل

joue

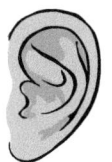

کن

oreille

چپ

lèvre

وات

bouche

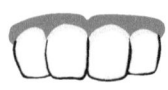

ڈنٹ

dent

زبان

langue

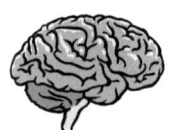

دماغ

cerveau

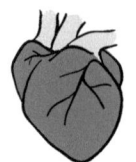

دل

cœur

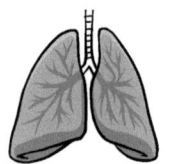

ڈورو

muscle

پھڑ

poumons

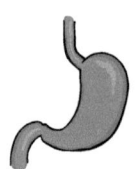

جگر

foie

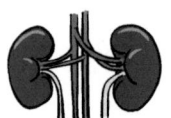

معدو

estomac

گردا

reins

جماع کرنا

rapport sexuel

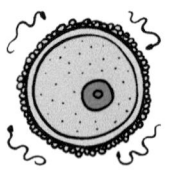

کنڈوم

préservatif

بیضہ

ovule

منی

sperme

حمل

grossesse

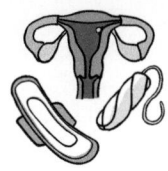

حيض

menstruation

هچيداني جي نالي

vagin

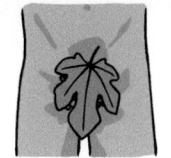

مردانو مخصوص عضوو

pénis

پرون

sourcil

وار

cheveux

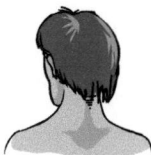

ګچي

cou

اسپتال

hôpital

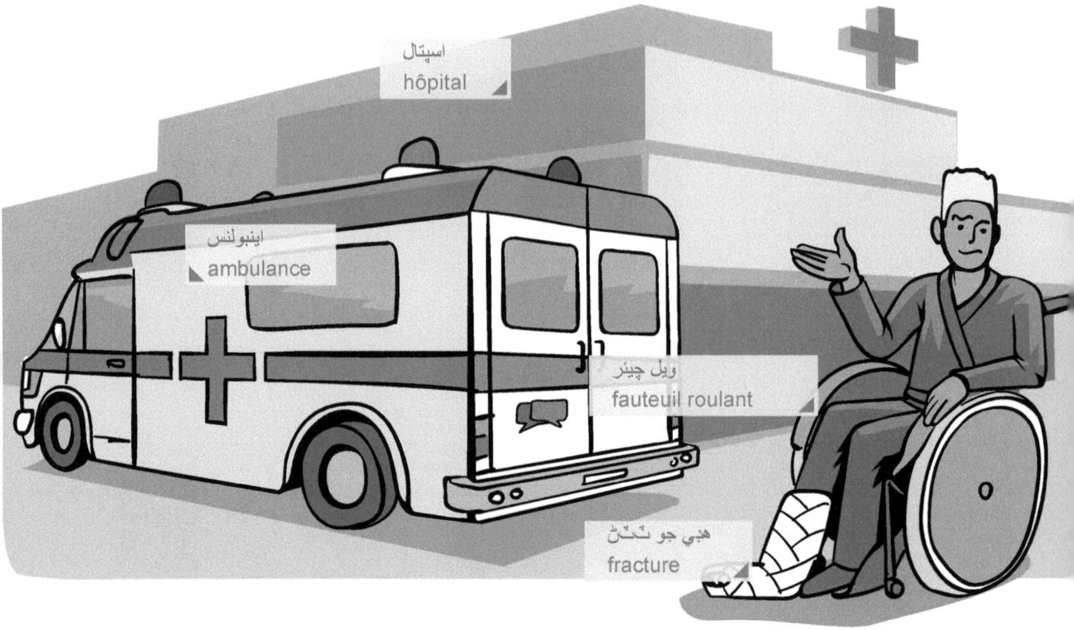

اسپتال
hôpital
اينبولنس
ambulance
ويل چيئر
fauteuil roulant
هڏي جو ٽٽڻ
fracture

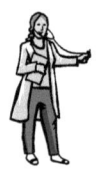

ڊاڪٽر

médecin

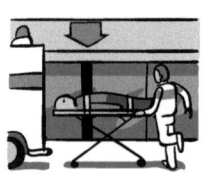

هنگامي ڪمرو

service des urgences

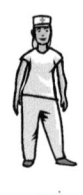

نرس

infirmière

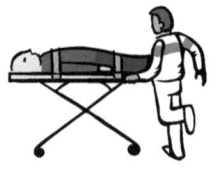

ايڪسري

urgence

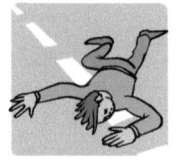

بيهوش

inconscient

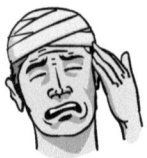

سور

douleur

زخم

blessure

رت وهڻ

hémorragie

دل جو دورو

crise cardiaque

فالج

attaque cérébrale

الرجي

allergie

کنگهه

toux

بخار

fièvre

زکام

grippe

دست

diarrhée

مٿي جو سور

mal de tête

کينسر

cancer

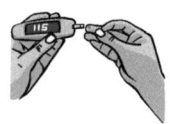

ذيابيطس

diabète

سرجن

chirurgien

جراحي بليڊ

scalpel

آپريشن

opération

سي ٽي

CT

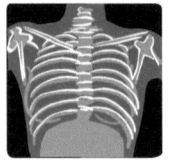

ايڪسري

radiographie

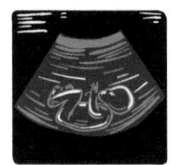

الـٽـراساؤنڊ

échographie

منهن جي ماسڪ

masque

بيماري

maladie

انتظار ڪرڻ جو ڪمرو

salle d'attente

بيساکهي

béquille

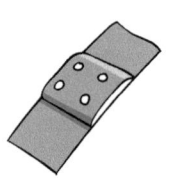

پالاسٽر

pansement

پٽي

pansement

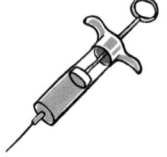

انجيڪشن

injection

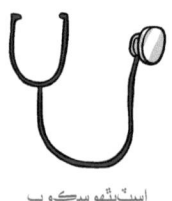

اسٽيٿهوسڪوپ

stéthoscope

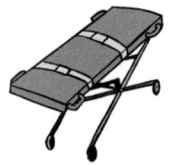

اسٽريچر

brancard

ٿرماميٽر

thermomètre

پيدائش

accouchement

موٽاپو

surcharge pondérale

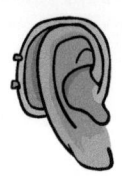

هډر واري ډيوائس

appareil auditif

جراثيم کش

désinfectant

انفيکشن

infection

وائرس

virus

ايچ آئ وي / ايدز

VIH / sida

دوا

médicament

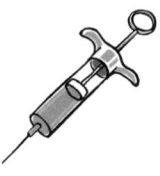

ويکسينيشن

vaccination

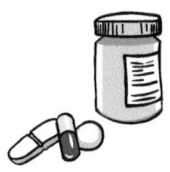

ټکي

comprimés

گولي

pilule

هنگامي کال

appel d'urgence

بلډ پريشر مانيټر

tensiomètre

بيمار / صحت

malade / sain

مدد

Au secours !

الارم

alarme

جسماني حملو ڪرڻ

assaut

حملو ڪرڻ

attaque

خطره

danger

هنگامي حالت ۾ نڪرن جو رستو

sortie de secours

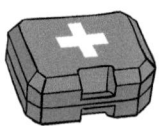

باه

Au feu!

باه وسائڻ جو اوزار

extincteur

حادثو

accident

ابتدائي طبي امداد

trousse de premier secours

ايس او ايس

SOS

پوليس

police

زمين

terre

يورپ

Europe

اتر آمریکا

Amérique du Nord

ٹکن آمریکا

Amérique du Sud

آفریقا

Afrique

ایشیا

Asie

آسٹریلیا

Australie

اٹلانٹک

Océan atlantique

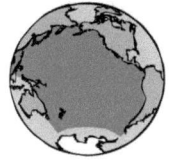

پیسفک

Océan pacifique

بحر هند

Océan indien

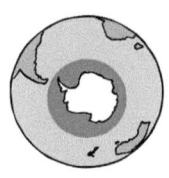

انٹارکٹک سمندٕ

Océan antarctique

آرکٹک سمندٕ

Océan arctique

اتر قطب

pôle nord

زمين - terre

77

ذبكث قطب

pôle sud

انٹارکٹیکا

Antarctique

زمین

terre

زمین

pays

سمندر

mer

جزیرو

île

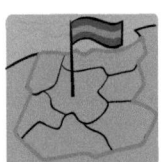

قوم

nation

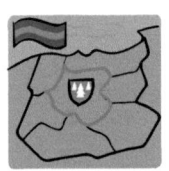

ریاست

état

گهڙي جو سامهون حصو

cadran

كلاك واري سوئي

aiguille des heures

منٽ واري سوئي

aiguille des minutes

سيڪنڊن واري سوئي

aiguille des secondes

ٽائم گهٽو ٿيو آهي؟

Quelle heure est-il ?

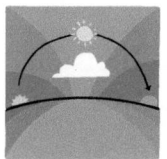

ڏينهن

jour

وقت

temps

هاڻي

maintenant

ڊجيٽل گهڙي

montre digitale

منٽ

minute

كلاك

heure

سومر
lundi

اربع
mercredi

جمعو
vendredi

TU

W

FR

TH

SA

SO

چنچر
samedi

اگارو
mardi

خميس
jeudi

آچر
dimanche

كله
hier

اج
aujourd'hui

سياتي
demain

صبح
matin

منجهند
midi

شام
soir

كاروباري ڏينهن
jours ouvrables

هفتّي جو آخر
week-end

سال

année

برسات
pluie
انڊلٺ
arc-en-ciel
برف
neige
هوا
vent
بهار
printemps
خزان
automne
گرمي جي موسم
été
سردي جي موسم
hiver

4.APRIL 11°
5.APRIL 4°
6.APRIL 13°
7.APRIL 8°
8.APRIL 10°

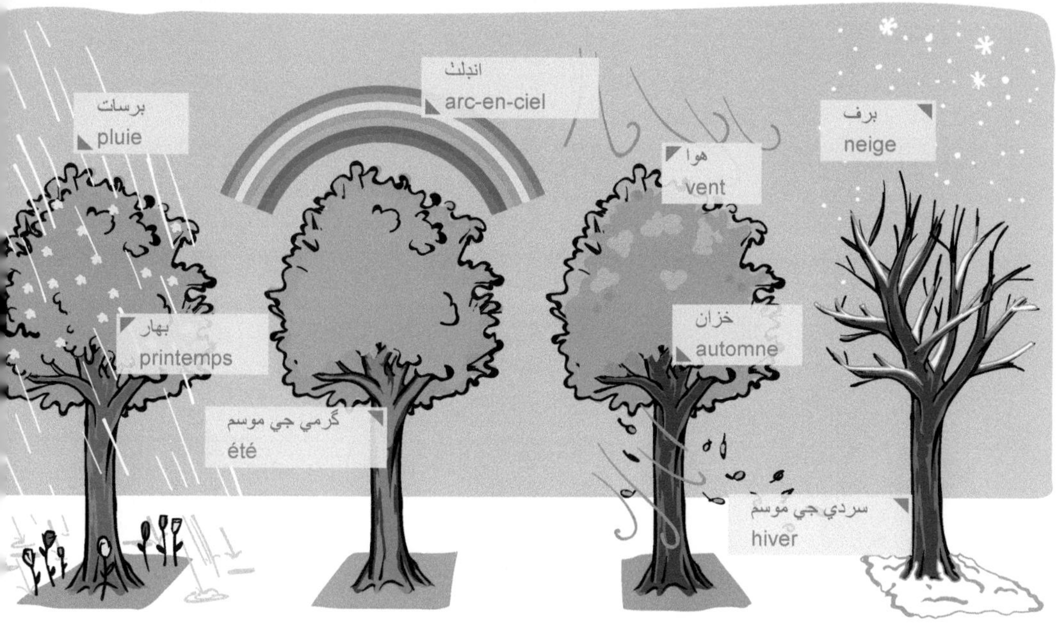

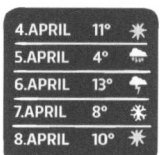

موسم جي پيشنگوهي

météo

F C
120 90 60 30 0 -30
40 30 20 10 0 -10 -20

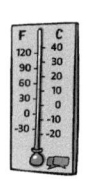

ٿرماميٽر

thermomètre

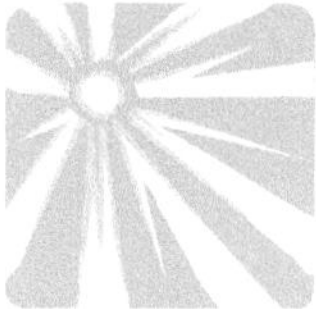

اُس

lumière du soleil

بادل

nuage

ڌند

brouillard

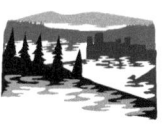

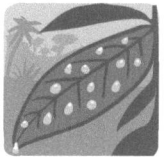

نمي

humidité

آسماني بجلي

foudre

ٹرمامينٹر

tonnerre

طوفان

tempête

ڳڙٽ جو مينھن

grêle

مون سون

mousson

ٻوڏ

inondation

برف

glace

جنووري

janvier

فيبروري

février

مارچ

mars

اپريل

avril

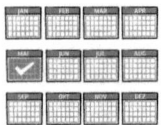

مئي

mai

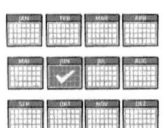

جون

juin

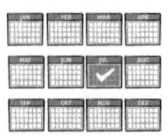

جولاني

juillet

آگسٽ

août

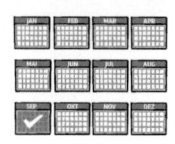

سپتّمبر
....
septembre

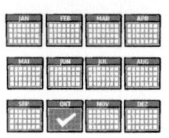

أكتّوبر
....
octobre

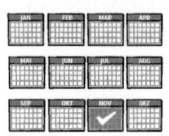

نوبمر
....
novembre

ڊسمبر
....
décembre

formes

دائرو
....
cercle

چکور
....
carré

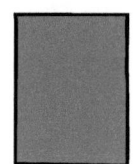

مستطيل
....
rectangle

ٽکندي
....
triangle

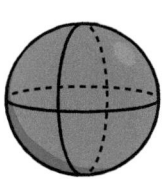

کره
....
sphère

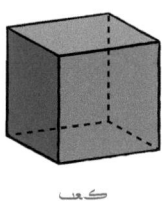

کعب
....
cube

couleurs

اچو
....
blanc

پیلو
....
jaune

نارنجي
....
orange

گلابي
....
rose

گاڑھو
....
rouge

جامني
....
violet

نيرو
....
bleu

سائو
....
vert

ناسي
....
marron

پورو
....
gris

کارو
....
noir

گهڼ / ټوټو

beaucoup / peu

ناراض / پر سکون

fâché / calme

خوبصورت / بدصورت

joli / laid

شروعات / ختم

début / fin

وډو / نیو

grand / petit

روشني / اونده

clair / obscure

بهن / بهائي

frère / soeur

صاف / خراب

propre / sale

مکمل / نا مکمل

complet / incomplet

ډينهن / رات

jour / nuit

مرده / زنده

mort / vivant

بگهو / تنگ

large / étroit

كائٽ قابل نه هجئ / كائٽ جي قابل هجن

....

comestible / incomestible

برو / سٺو

méchant / gentil

پرجوش / بوريت جوشڪار

....

excité / ennuyé

موٽو / پتلو

gros / mince

پهريون / آخري

premier / dernier

دوست / دشمن

ami / ennemi

يريل / خالي

....

plein / vide

سخت / نرم

dur / souple

ڳورو / هلڪو

lourd / léger

بک / اڃ

faim / soif

بيمار / صحت

....

malade / sain

غيرقانون / قانوني

illégal / légal

عقلمند / بيوقوف

....

intelligent / stupide

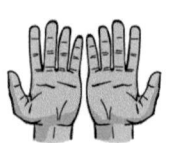

سڏو / ابتو

gauche / droite

ويجهي / پري

proche / loin

نئون / استعمال ٹیل

nouveau / usé

کجہ بہ نہ / کجہ

rien / quelque chose

پوڑھو / نوجوان

vieux / jeune

آن / آف

marche / arrêt

کلیل / بند

ouvert / fermé

خاموش / بلند آواز سان

faible / fort

امیر / غریب

riche / pauvre

صحیح / غلط

correct / incorrect

کھورو / لسو

rugueux / lisse

غمگین / خوش

triste / heureux

مختصر / ڊگھو

court / long

آھستہ / تیز

lent / rapide

آلو / سڪل

mouillé / sec

گرم / ٿڌو

chaud / froid

جنگ / امن

guerre / paix

nombres

0

زيرو

zéro

1

هـک

un / une

2

به

deux

3

ټي

trois

4

څار

quatre

5

پنځ

cinq

6

څه

six

7

ست

sept

8

اث

huit

9

نوَ

neuf

10

څه

dix

11

يارهن

onze

12

بارهن

douze

13

تيرهن

treize

14

چوڈهن

quatorze

15

پندرهن

quinze

16

سورهن

seize

17

سترهن

dix-sept

18

ارڑهن

dix-huit

19

اوٹهيه

dix-neuf

20

ويه

vingt

100

سو

cent

1.000

هزار

mille

1.000.000

ڈه لک

million

انگلیزي

anglais

آمریکي انگلیزي

anglais américain

چیني میندارن

chinois mandarin

هندي

hindi

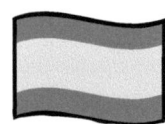

اندلسي ہولي

espagnol

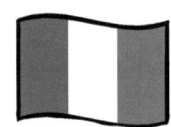

فرانسیسي

français

عربي

arabe

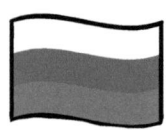

روسي

russe

پرتگالي

portugais

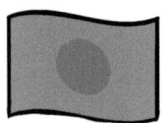

بنگالي

bengali

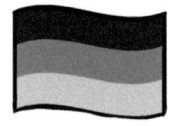

جرمن

allemand

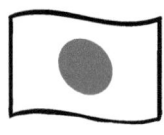

جاپاني

japonais

مان

je

تون

tu

هي چوكري/ هي چوكرو / هو

il / elle / ce, c', cela

اسان

nous

تون

vous

هو

ils / elles

كير؟

Qui ?

چا؟

Quoi ?

كينئ

Comment ?

كٿي؟

Où ?

كڏنهن؟

Quand ?

نالو

nom

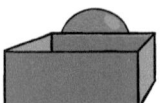

پويان

derrière

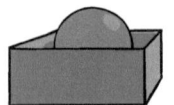

dans

جي سامهون

devant

مٿي

au-dessus

تي

sur

هيٺ

en-dessous

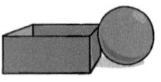

گڏ

à côté de

وچ ۾

entre

جڳهه

lieu